自由学園 最高の「お食事」

95年間の伝統レシピ

協力
学校法人自由学園

著者
JIYU5074Labo

新潮社

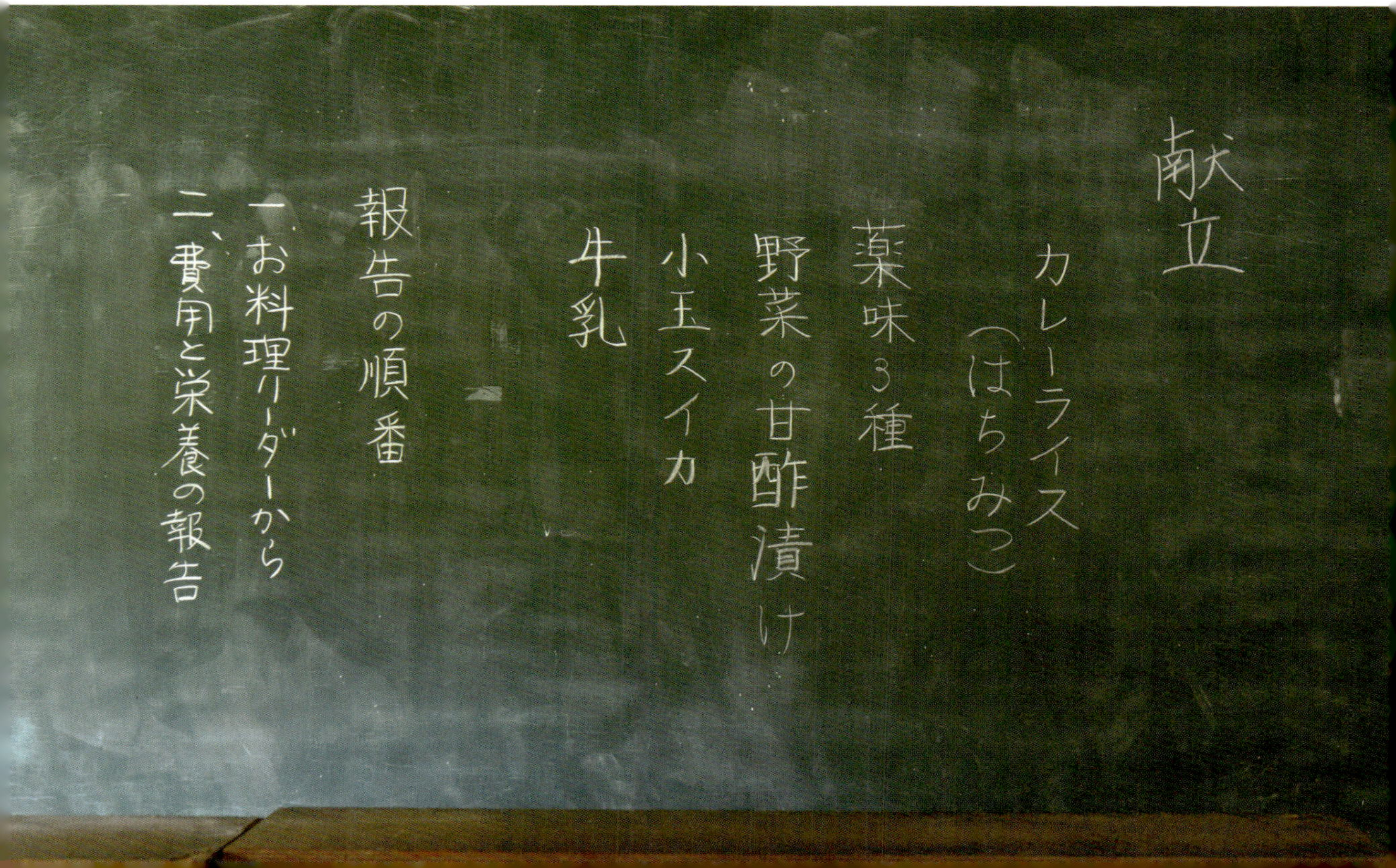

人気ベスト5＋1

学年の献立

主菜

本書について

- 本書は自由学園の生徒が記録していたレシピを、家庭で作りやすい分量および作り方に変えています。
- 分量は4人分です。
- 計量の単位は、1カップ＝200㎖、大さじ＝15㎖、小さじ＝5㎖、1合＝180㎖です。
- 自由学園ではかつお節でだしをとっていますが、本書では特に指定しておりません。だし汁は各家庭のものをお使いください。
- レシピは1992年度のものを中心に、過去（66年度、71年度、78年度）の記録を参考にしています。

はじめに

自由学園で学んだ私たちは、お昼のお食事を、毎日食堂で全校揃っていただきました。

学園では創立以来、自分たちの手であたたかい昼食を作り、皆で食べることを大事にしてきました。与えられる「給食」ではなく「お食事」と呼ぶのはそのためです。

特に女子部では、料理も後片付けも、曜日ごとに各学年が交代して担当。午前中2時間かけて、当時の全校生徒約６００人分のお食事を作るお料理の授業は、大変ながらも楽しい時間でした。

卒業後、同級生が集まると、学生時代に食べたお食事や、お料理の授業の話で盛り上がり、あのおいしかった毎日のお食事のレシピを、もっと多くの人に知ってもらいたいと思うようになりました。数年間企画をあたためていく中で、料理家、スタイリスト、カメラマン、ライターなどの卒業生が揃い、出版に向けて準備がスタートしました。

まず、レシピの記録探しから始まり、６００人分の材料と分量を家庭用に変える作業、実際のお料理の再現、味の確認などを行いました。また、レシピ選びにあたっては、できるだけ幅広い世代の声を入れたいと、在学経験のある人たちを対象にアンケートを実施し、その結果も反映しました。

自由学園をはじめ多くの方のご協力もあり、本書がかたちになりました。特に、新潮社の方には、私たちの考えをご理解いただき、制作について多大なるお力添えをいただきました。ありがとうございます。

95年の歴史の中で、変化しながらも受け継がれてきたレシピをお届けします。

そしてこの本を通して、私たちの母校のことをもっとたくさんの方に知っていただければ幸いです。

どうぞ皆さまの食卓で、自由学園のお食事を、味わってみてください。

２０１７年３月　ＪＩＹＵ５０７４Ｌａｂｏ

人気ベスト5＋1

自由学園の女子部で作られてきた数多のお食事の中でも、人気メニューは何でしょう？　2016年6～9月、自由学園のホームページ上で、女子部在学生及び在学経験のある方を対象に「自由学園の料理と食」に関するアンケートを実施しました。そのアンケートで選ばれた「好きなお料理」のベスト5と、特別に1品をご紹介します。

第1位

シェパーズパイ

マッシュポテトとミートソースは相性抜群。
オーブンで焦げ目をつけて、熱々をどうぞ。

■材料

じゃがいも…中4個
牛乳…50mℓ
バター…10g
塩…小さじ1/4
ミートソース
　合挽き肉…160g
　玉ねぎ…中1個
　サラダ油…大さじ1
　A
　　トマトケチャップ…大さじ2
　　トマトピューレ…大さじ1
　　小麦粉…大さじ2
　　塩…小さじ1/2
　　こしょう…少々
　　ベイリーフ…1枚
粉チーズ…大さじ1
パン粉…大さじ3

■作り方

① 皮をむいたじゃがいもを柔らかく茹でる。湯を捨て、鍋の水気をとばし、つぶす。弱火にかけながら牛乳、バター、塩を加えて混ぜ、マッシュポテトを作る
② フライパンにサラダ油を熱し、合挽き肉とみじん切りにした玉ねぎを炒め、Aを加えてミートソースを作る。水気をとばして固めに仕上げる
③ 耐熱容器にマッシュポテトの半量をしき、ミートソースをのせ、残りのマッシュポテトをきれいにならしてからフォークで筋をつけ、粉チーズとパン粉を混ぜてふりかける
④ 220℃のオーブンで10分、さらに250℃で5～7分焼き、焦げ目をつける

第2位

チキンピラフのホワイトソースがけ

他ではあまり見ないこのお料理。
トマト味とカレー味、どちらのピラフにも
まろやかなホワイトソースがよく合います。

■材料

米…2合

A
- パプリカパウダー…小さじ1/2
- トマトピューレ…大さじ1
- トマトケチャップ…大さじ1
- スープの素…小さじ1
- 塩…少々

鶏もも肉…160g
玉ねぎ…中1/2個
マッシュルーム（缶）…50g
グリンピース（冷凍）…30g
サラダ油…小さじ1
塩…小さじ1/4

ホワイトソース
- 小麦粉…40g
- バター…40g
- 牛乳…240mℓ
- スープの素…小さじ1
- 水…240mℓ

■作り方

① 炊飯器に米とAを合わせたものを入れてざっと混ぜ、炊飯器の水加減で炊く
② フライパンにサラダ油を熱し、親指大に切った鶏もも肉を白くなるまで炒める。粗みじん切りにした玉ねぎを加え、しんなりするまで炒める
③ 薄切りにしたマッシュルーム、グリンピースを加えてよく混ぜ、塩で味を調える
④ ③と炊きあがったご飯を混ぜる
⑤ P50の手順でホワイトソースを作り、チキンライスにかける

カレーピラフのホワイトソースがけ

ご飯を炊く際の材料をかえれば、カレーピラフになります。

■材料と作り方

米…2合

A
- カレー粉…小さじ1
- スープの素…小さじ1
- 塩…小さじ1/4

その他の材料、作り方はチキンピラフと同じ

第3位

希《き》望《ぼう》満《まん》充《じゅう》

サクサクの皮と、
しっとりしたさつまいものあんは、
昔も今もみんな大好き。
昭和10年、お誕生日会に生徒が
一つで10人分の大きな饅頭を作ったのが、
希望満充の始まりです。

■材料

さつまいもあん

さつまいも…350 g
砂糖…70 g

皮

バター…28 g
砂糖…45 g
小麦粉…85 g
ベーキングパウダー…小さじ1/2
卵…1/2個

■作り方

さつまいもあん

① さつまいもは洗って皮をむき、1.5㎝の輪切りにして鍋に入れる。ひたひたの水とひとつまみの塩（分量外）を加えて竹串がすっと通るくらいまで茹で、ざるに上げる
② 鍋に戻し、マッシャーでつぶす。砂糖を加え、中火であんの固さになるまで、しっかり練る
③ バットなどにあけ、ぴったりとラップをして冷蔵庫で冷ます。冷めたら球状に丸めておく

皮

① 室温に戻したバターをボウルに入れ、泡立て器でクリーム状に練る
② 砂糖を加え、さらによく混ぜる。溶き卵を２回にわけて加えながら、砂糖を溶かすようにしっかり混ぜる
③ ふるった粉類を加え、木べらでさっくりと均一な生地になるまで混ぜる
④ バットなどに入れ、ラップをして冷蔵庫で１時間ほど冷やす

① 皮の生地が冷えて固くなったら取り出し、球状に丸めてから直径20㎝ほどの円にのばす。さつまいもあんを置いて包み、包み口を下にして天板におき、刷毛で溶き卵（分量外）を塗る
② 予熱した170℃のオーブンで50〜60分焼く

生徒が作った希望満充。自由学園で撮影

第4位
なすのはさみ揚げ

さっくりした衣の中にはジューシーななすとお肉。
洋食の献立にはソース、
和食の献立にはしょうゆをかけて。

■ 材料

なす…大4本
合挽き肉…160ｇ
玉ねぎ…中1/2個
塩…小さじ1/4
こしょう…少々
小麦粉…適量
卵…１個
パン粉…適量
揚げ油…適量

■ 作り方

① なすはへたを除き縦半分に切り、端から1cm残して切れ目を入れる
② 合挽き肉に塩、こしょうをして混ぜ、みじん切りした玉ねぎを加えてさらに混ぜ、8等分する
③ なすの切れ目に小麦粉をふり、②をはさんでぎゅっと固めるようにする
④ ③に小麦粉、溶き卵、パン粉を順につけ、160～170℃の油で揚げる

第5位

れんこんのあちゃら漬け

すこし酸っぱい漬けだれを
熱いうちにからめると、
れんこんのおいしさが引き立ちます。

■ **材料**

れんこん…320g
片栗粉…大さじ3
揚げ油…適量

A
- 酢…大さじ3
- 砂糖…大さじ1
- 塩…小さじ1/4
- 赤唐辛子…適量

■ **作り方**

① れんこんは皮をむき、縦4つ切りにしてから乱切りにし、酢水（分量外）に浸ける。水気をしっかりとる。赤唐辛子は5㎜幅に切る

② Aを混ぜて漬けだれを作る。①に片栗粉をまぶして160〜170℃の油で揚げ、熱いうちにたれにからませる

味噌スープ

学生寮でしか食べられない
大人気の朝食メニュー。
通学生にも憧れだったスープの味を
再現しました。

■ 材料

豚挽き肉…120 g
ワンタンの皮…12枚
にら…1/2束
にんじん…30 g
長ねぎ…1/2本
白菜…240 g
卵… 2 個
味噌…40〜50 g
サラダ油…大さじ 1
鶏がらスープの素…大さじ 1
水… 4 カップ

■ 作り方

① ワンタンの皮は三角形になるように半分に、にらは3cmに切る。にんじんは薄い半月切り、長ねぎは小口切り、白菜は1cm幅のざく切りにする
② 鍋にサラダ油を熱し、豚挽き肉を炒め、ぽろぽろになって火が通ったらにんじん、白菜、長ねぎを順に加える。全体に油がまわったら鶏がらスープの素と水を加え、にんじんが柔らかくなったら味噌を溶き入れる
③ ②に溶き卵をまわし入れ、半熟状になったらワンタンの皮を重ならないようにぱらぱらと入れ、最後ににらを散らす

卒業生の声①

ここまで、自由学園女子部に在籍したことがある方の好きなお料理を紹介しました。アンケートでは他に、「今でもよく作るお料理」、「レシピを知りたいお料理」についても聞いてみました。そこで出てきたお料理は、本書にも数多く掲載されています。

なぜそのお料理が好きなのか？　卒業生たちの声を紹介します。ぜひ、献立をたてる際の参考にしてください。

今でもよく作るお料理ベスト5

①れんこんのあちゃら漬け
②シェパーズパイ
③ホワイトソース（ホワイトシチュー、グラタンなど）
④ぎせい豆腐
⑤味噌スープ

レシピを知りたいお料理ベスト5

①希望満充
②味噌スープ
③アスピックゼリー
④グラタン
⑤黒がね

好きな理由

シェパーズパイ

- かんたんに作れて、美味しいので見た目もきれいで美味しいので（56回生　鈴木雅枝）
- 作りやすく、誰の口にも合うのでパーティー向けです（菊川知子）
- 今は、似たような料理がいろいろあり珍しくないかもしれませんが、当時シェパーズパイはよそでは食べたことがなく、ハイカラな感じがありました。ミートソースとじゃがいもの組み合わせは若い人から高齢の方に到るまで好まれる味付けですし、食べやすいのもよいと思います。在学当時、今日はシェパーズパイが出るとわかると皆でウキウキして楽しみにしていたのを思い出します（56回生）

ホワイトソース

- 女子部で600人分を作っていたことを考えたら、家庭の分量のホワイトソースはダマにもならず、きれいに作れます（66回生　阿部眞季）
- ホワイトソースは学園の味です。家族もお客様も喜びます（60回生　久保朋子）
- 市販のホワイトソースよりもシンプルに美味しく、材料が見えるので安心です（72回生　北野実々子）

ホワイトシチュー

- 手作りのホワイトソースで家族に喜ばれます（51回生　津島惠子）
- お食事づくりの時に、先生からご指導いただいたことが頭に残っていて自信を持って作れるので（72回生　鈴木和代）

女子部オリジナルデザインの食器。各部で異なるデザインの食器を使っています

ロールキャベツ

- 実家はコンソメ味のロールキャベツだったので、学園でホワイトソースのロールキャベツを初めて食べた時は感激でした。今では我が家の定番です（74回生　小路桃子）

長年大事に使われ続けている椅子。中には50年以上使用されているものも

れんこんのあちゃら漬け

- 手軽に作れる。この一品を加えることによって栄養バランスも良くなります（72回生）
- お弁当のおかずにもしやすいし、揚げ物なのに手軽に作れるので（78回生）
- 自由学園に入学して知った料理です。れんこんの食べ方の中で一番美味しいと思います（94回生）

キャベツののり酢和え

- キャベツが余ると、入学して最初に作ったのり酢和えを思い出します。特別好きというわけではありませんが、思い出の味なのだと思います

ぎせい豆腐

- 他のレシピ本に載っているものよりも、学園でいただいた味が好きです（57回生　松島直子）

味噌スープ

- 手早く作れる上に、色々な食材が摂れます。育ち盛りの我が子もよく食べ、美味しくて懐かしい味です（70回生　片山摂子）

四喜丸子

- 女子部で初めて食べて今でも作る料理です。美味しし作り置きもできます

豚、さといも、大根、こんにゃくの味噌煮

- 素材の相性がよく、美味しく作ることができる。父に好評でした（56回生　奥山久美子）

テーブルクロスも生徒の手作り。刺繍も一つひとつ丁寧にします

学年の献立

自由学園では、下記のように、学年によって学ぶ料理のテーマが決められています。中等科1年生の薪を使ってのご飯炊きから始まり、高等科3年生では、総まとめとして、プロのシェフから本格的な料理を学びます。各学年の代表的な献立をご紹介します。

■中等科1年　薪でのご飯炊き、野菜の切り方、煮物
■中等科2年　だしの取り方、洋食の基本
■中等科3年　ルー（ホワイトソース、ブラウンソースなど）の作り方
■高等科1年　魚の料理、揚げ物
■高等科2年　旬の料理、デザート作り
■高等科3年　プロのシェフから学ぶ特別料理と行事食

（「自由学園　生活即教育ブックレット　食の学び一貫教育」より）

献立①

中等科1年

最初は薪でご飯を炊くことから始まります。自由学園では三色ご飯のことを「みいろごはん」と呼びます。

さつまいもの甘辛煮

■ **材料**

さつまいも…400 g
砂糖…大さじ2
しょう油…大さじ2

■ **作り方**

① さつまいもは1.5cm幅の半月切りにし、鍋に入れて水から茹でる
② 沸騰したら茹でこぼし、同じ鍋にひたひたの水と調味料を入れ、弱火で煮含める
③ ふっくらと煮上がったらできあがり

ほうれん草の柚子びたし

■ **材料**

ほうれん草… 1 束（280 g）
A
- だし汁…大さじ2
- しょう油…大さじ1
- 柚子搾り汁…1/2個分
- 酢…小さじ2

■ **作り方**

① ほうれん草は2cmの長さに切り、茹でる
② 柚子の搾り汁を作る。皮は半分をそいで千切り、もう半分はすりおろして搾り汁に加える
③ Aにほうれん草の水気を絞って入れ、和える。お皿に盛り、千切りにした柚子の皮をのせる

三《み》色《いろ》ご飯

■ **材料**

茶飯
- 米…2合
- しょう油…大さじ1
- 酒…大さじ1
- 昆布…5cm角1枚

肉そぼろ
- 豚挽き肉…240 g
- A
  - しょう油…大さじ1 1/2
  - 酒…大さじ1
  - 砂糖…大さじ1

炒り卵
- 卵… 2 個
- 砂糖…大さじ1
- 塩…小さじ1/5
- サラダ油…小さじ1/2

グリンピース（冷凍）…40 g

■ **作り方**

① 米にしょう油、酒、昆布を加えて炊飯器の水加減で炊き、茶飯を作る
② 挽き肉にAを加えてよく混ぜ、火にかけて炒める
③ 卵を溶いて砂糖、塩を入れる。フライパンにサラダ油をひいて中火にかけ、卵を入れ、さい箸でよくかき混ぜる
④ ざるに入れたグリンピースに熱湯をかけ、水気を切る
⑤ 茶飯に②、③、④をきれいに盛り付ける

献立②

中等科2年

しっかりしたトマト味のマカロニ煮込み。
簡単に作れて、ボリューム満点です。

ポテトサラダ

■ **材料**

じゃがいも…大2個
塩…小さじ1/4
きゅうり…1本
ラディッシュ…4個
玉ねぎ…40 g
ハム…2枚
サニーレタス…4枚
マヨネーズ…1/2カップ

■ **作り方**

① じゃがいもを5㎜の厚さのいちょう切りにし、茹でてざるにあげ、塩をふって冷ます
② きゅうり、ラディッシュは薄切り、玉ねぎはみじん切りにして水にさらし、ハムは1cm角に切る
③ すべてを一緒にしマヨネーズで和える。皿にサニーレタスをしいて盛る

マヨネーズ

■ **材料（1カップ分）**

卵黄…1個分
サラダ油…150㎖
酢…小さじ3
塩…小さじ1/3
マスタード…小さじ1

■ **作り方**

① 卵黄に塩、マスタードを加えよく混ぜたら、酢小さじ1を加え、さらに混ぜる
② 油を少しずつ加えながらよく混ぜる
③ 最後に残りの酢を入れ、混ぜる

マカロニ
メキシカン

■ **材料**

牛粗挽き肉…200 g
マカロニ（乾）…100 g
玉ねぎ…中1/2個
ピーマン…3〜4個
マッシュルーム（缶）…40 g
トマトピューレ…大さじ3
トマトケチャップ…大さじ3
塩…少々
こしょう…少々
サラダ油…大さじ1/2
スープ［スープの素…大さじ1
　　　 水…2カップ

■ **作り方**

① マカロニを茹でる
② 玉ねぎは1cm角切りにする。ピーマンは1cm角切りにし、さっと湯に通す
③ 鍋にサラダ油を熱し、挽き肉を炒め、続けて玉ねぎを炒めて、こしょうをふる
④ 玉ねぎに火が通ったらマッシュルームを加え、全体をよく混ぜ、スープを入れる
⑤ 沸騰したらトマトピューレ、ケチャップを入れる
⑥ 食べる直前にマカロニ、ピーマンを入れ、塩で味を調える

献立③

中等科3年

中等科3年では、ルーの勉強をします。ルーは丁寧に、じっくり炒めるのがポイントです。

ハヤシライス

■ **材料**

ご飯…米2合分
牛こま切れ肉…200 g
玉ねぎ…中1個
じゃがいも…中2個
にんじん…120 g
サラダ油…小さじ1
塩…小さじ1/2
こしょう…少々
<u>ルー</u>
　バター…30 g
　小麦粉…40 g
　スープ［スープの素…小さじ1／水…500mℓ］
　トマトケチャップ…大さじ1
　トマトピューレ…大さじ3
　デミグラスソース…大さじ3
塩…小さじ1
福神漬け…40 g

■ **作り方**

① 玉ねぎは1cm幅のくし切り、じゃがいも、にんじんは乱切りにする
② 煮込み用の鍋にサラダ油を熱し、牛こま肉、玉ねぎ、じゃがいも、にんじんを入れて炒め、塩、こしょうをする。油が全体にまわったら、ルー用のスープを具がひたるくらいの分だけ加え、野菜が柔らかくなるまで煮る
③ ルーを作る。フライパンにバターを溶かし、小麦粉を入れて焦げつかないように30分くらいかけてきつね色に炒める。少しずつ残りのスープを加え、ケチャップ、トマトピューレ、デミグラスソースを加える
④ ②に③を加えて全体を混ぜ、塩で味を調える。ご飯にかけ、福神漬けをそえる

キャベツ、きゅうり、セロリのサラダ

■ **材料**

キャベツ…160g
きゅうり…１本
セロリ…40 g
<u>ドレッシング</u>
　サラダ油…大さじ2
　酢…大さじ1
　塩…小さじ1/2
　こしょう…少々
　練り辛子…少々

■ **作り方**

① キャベツは千切り、きゅうりは輪切り、セロリは小口切りにし、混ぜる
② ドレッシングの材料を混ぜ合わせ、①にかける

献立④ 高等科1年

揚げ物とお魚の調理を学ぶ高等科1年。
お魚の調理の基本をしっかり覚えられます。

さばの竜田揚げ

■ **材料**

さば…100 g × 4 切れ
塩…小さじ1/4
しょうが…1かけ
しょう油…大さじ2
片栗粉…大さじ7
揚げ油…適量

■ **作り方**

① さばは塩をふってしばらくおき、出てきた水分をキッチンペーパーでふき取る
② しょうがをおろしてしょうが汁を作り、しょう油と合わせたものにさばを漬け、10〜20分おく
③ ②に片栗粉をまぶして余分な粉をはらい、180℃の油で揚げる

庄内麸のすまし汁

■ **材料**

庄内麸…1/2枚
三つ葉…15 g
だし汁…3カップ
塩…小さじ1/2
しょう油…小さじ1/2

■ **作り方**

① 庄内麸は少し水で湿らせてから1cm幅に切る。三つ葉も1cm幅に切る
② だし汁に調味料を加えて味を調え、庄内麸を入れる。煮すぎないように注意
③ 汁椀に盛り、三つ葉を散らす

さやえんどうのふり味《あじ》

■ **材料**

さやえんどう…120 g
塩…小さじ1/2

■ **作り方**

① さやえんどうの筋をとり、色よく茹でる
② ざるに広げ、塩をまんべんなくふる

春雨ときゅうりの酢の物

■ **材料**

春雨…40 g
きゅうり…大1本
塩…小さじ1/4
A ┌ 酢…大さじ2
　 │ 砂糖…大さじ1
　 └ 塩…小さじ1/2

■ **作り方**

① 春雨は熱湯で茹で、冷水をかけて水気を切る。食べやすい長さに切る
② きゅうりは薄い小口切りにし、塩をまぶして10分ほどおく
③ 軽く絞ったきゅうりと春雨を、合わせておいたAと和える

献立⑤

高等科2年

季節のお料理と「お食後」（デザート）を勉強します。しらす干し寿司の献立は、毎年七夕の時季に。

鶏、しいたけ、三つ葉のすまし汁

■ **材料**

鶏むね肉…60 g
塩…小さじ1/3
酒…少々
片栗粉…小さじ２
生しいたけ…４枚
三つ葉…20 g
だし汁…３ 1/2カップ
塩…小さじ3/4
しょう油…数滴

■ **作り方**

① 鶏むね肉は４等分にそぎ切りにして酒と塩をふり、少しおいておく。片栗粉をまぶして湯がき、盆ざるに広げる。三つ葉は3cmに、生しいたけは石づきを除いて２つに切る
② だし汁に生しいたけを入れ、煮立たせてから塩、しょう油で味を調え、火を止める。最後に三つ葉を入れる
③ 汁椀に鶏肉を入れ、②を注ぐ

氷じるこ

■ **材料**

小豆…100 g
砂糖…80 g
塩…小さじ1/2
白玉粉…80 g
水…大さじ３
氷…適量

■ **作り方**

① 小豆は洗って鍋に入れ、５倍の水を加えて火にかけ、茹でこぼす
② 小豆を鍋に戻し、５倍の水で小豆がおどる程度の火加減で１時間茹でる。小豆が固いうちは、煮汁から小豆が出ないようにさし水をする
③ 小豆が指ではさむとつぶれる程度の柔らかさになったら砂糖と塩を入れ、鍋の手前から奥へ木べらで混ぜながら、ゆるめの粒あんにする
④ 白玉粉をボウルに入れ、水を少しずつ加えながらよくこねる。耳たぶ程度の柔らかさになったら、小さめのお団子ほどの大きさに丸め、中央を指で軽く押さえて平らにする
⑤ 沸騰させた湯に白玉を入れて茹でる。浮きあがってきて１分ほどしたらすくい上げ、冷水にとって冷やす
⑥ 器に粒あんと白玉を入れ氷を加える

しらす干し寿司

■ **材料**

米…２合
合わせ酢
　酢…大さじ３
　砂糖…大さじ１ 1/2
　塩…小さじ1/2
しらす干し…80 g
青じそ…４枚
卵…２個
塩…少々
サラダ油…適量
甘酢しょうが…40 g

■ **作り方**

① ご飯は固めの水加減で炊く
② 合わせ酢に、しらす干しを入れる
③ ほぐした卵に塩を加え、サラダ油を熱したフライパンで薄焼き卵を焼き、千切りにして錦糸卵を作る
④ 炊きあげたご飯に②を入れ、さっくりと混ぜながらうちわで冷ます
⑤ ご飯が冷めたら千切りにした青じそを混ぜて器にもり、錦糸卵をのせ、ざく切りにした甘酢しょうがをそえる

いんげんとなすのごま和え

■ **材料**

なす…３～４本
いんげん…５～６本
白炒りごま…大さじ３
砂糖…大さじ１
しょう油…大さじ１
だし汁…大さじ１～２

■ **作り方**

① なすはへたをとり、縦1/2にしてから薄く半月切り。水にさらしてからさっと茹で、絞る。いんげんは3cmに切り、塩茹でする
② すり鉢でごまをすり、砂糖、しょう油、だし汁を加えて和え衣を作り、①を和える

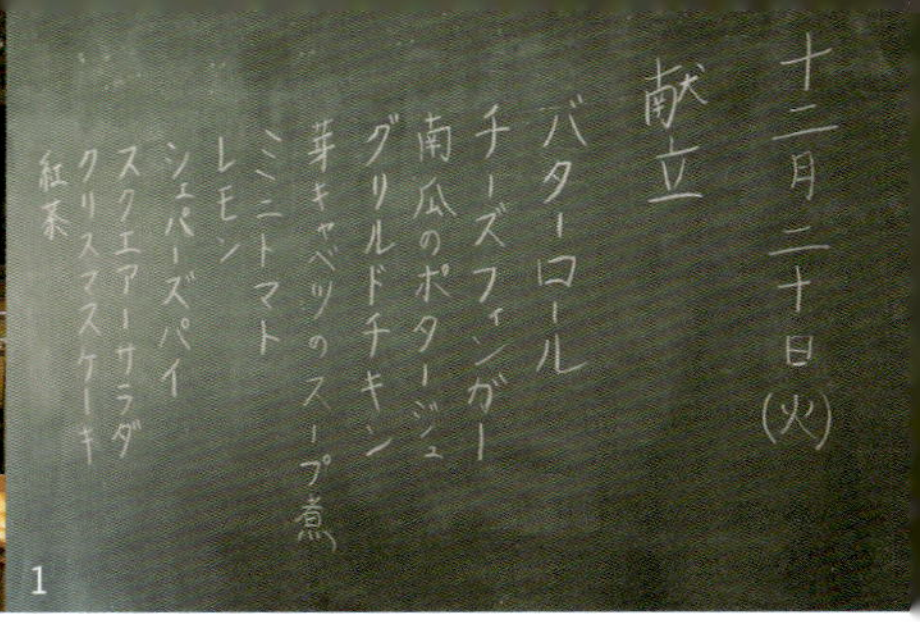

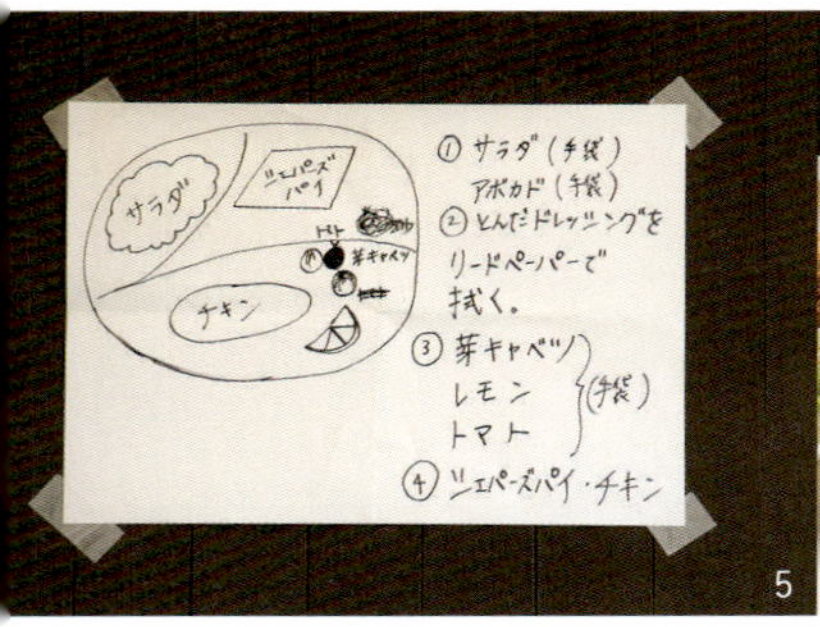

1　2016年クリスマス午餐会のメニュー
2　テーブルセッティングもすべて生徒が行います
3　女子部食堂に一堂に会し、お食事をいただきます
4　メインはスパイスの香りが広がるグリルドチキン
5　盛り付けにも心を配ります

コラム2

クリスマス午餐会

自由学園では、新入生歓迎会、クリスマス午餐会など、一年に数回、特別なお食事をいただく日があります。

特にクリスマス午餐会は、女子部、男子部、最高学部（大学部）の生徒・学生、教職員のほか、一年間お世話になったゲストをお迎えし、皆で一緒にテーブルを囲む特別な日です。

そのお食事作りは、主に女子部高等科3年生が担当し、メニューはその年によってさまざまですが、ローストチキンやミートローフなどクリスマスらしい料理のほか、学園で収穫された野菜を使ったサラダなどが食卓に並びます。

2016年のクリスマス午餐会は、女子部の食堂で行われました。女子部高等科3年生がお料理を、女子部高等科2年生がケーキを、そして、男子部高等科2年生がスープ作りを担当しました。

6　クリスマスケーキのデコレーションはさまざま
7　心のこもったお料理を感謝していただきます
8　食堂にはクリスマスの装飾が
9　クリスマスらしい彩り豊かなメニューに心が弾みます
10　クリスマスの贈り物

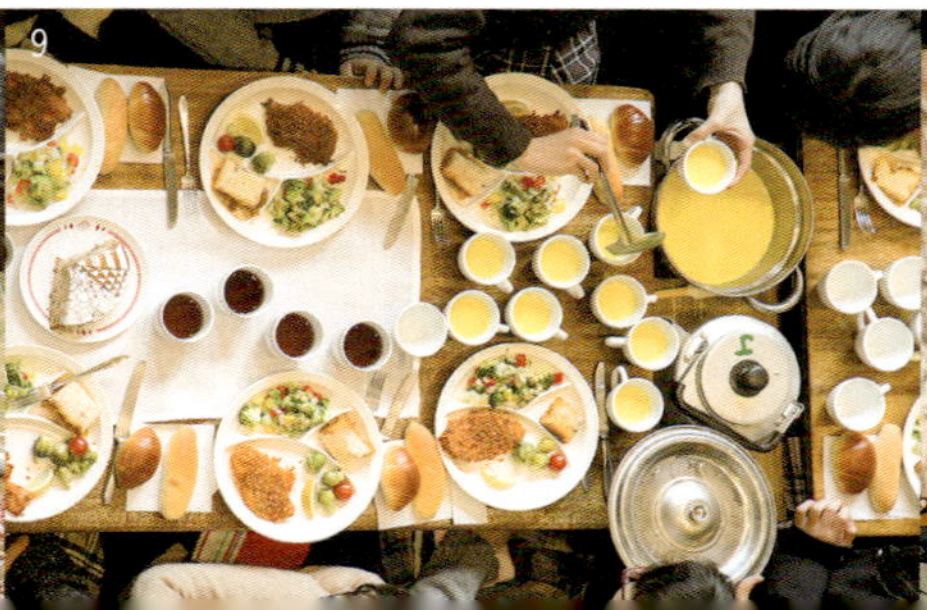

主菜

肉・魚・豆腐などをメインとした料理、女子部で人気のホワイトソースを使った料理の中から、選りすぐりのレシピをご紹介します。育ち盛りの生徒のお腹も心も満たしてくれるものから、ちょっとしたおもてなしにもぴったりな料理まで、バリエーション豊かなラインナップです。

ロールキャベツ

ホワイトソース仕立てのロールキャベツはまろやかで、ホッとする味です。

■材料

キャベツの葉…８枚
合挽き肉…200 g
玉ねぎ…中1/4個
塩…小さじ1/4
こしょう…少々
パン粉…20 g
牛乳…大さじ３
スープ［スープの素…小さじ２
　　　　水…２カップ
ベーコン…80 g
ホワイトソース
　バター…30 g
　小麦粉…30 g
　牛乳…240mℓ
　塩…小さじ1/4

■作り方

①キャベツはしんなりするまで茹で、軸の部分をそぎ取る
②合挽き肉に塩、こしょうを加えてよく混ぜ、みじん切りした玉ねぎ、パン粉、牛乳を加えてさらに混ぜる。４等分して俵形にする
③キャベツを２枚１組とし、軸の向きが逆になるように少し横に重ねて置く。中央より少し手前に②を置き、手前をひと折りしてから左右を内側に折り、くるくると巻く
④鍋に1cm幅に切ったベーコンと③を入れ、スープを注ぎ20分くらい煮る
⑤ホワイトソースを作る。他の鍋を火にかけ、バターを溶かし、小麦粉を入れてしっとりするまで混ぜる。沸騰直前まで温めた牛乳を注ぎ入れてよく混ぜ、塩で味を調える
⑥ホワイトソースを④に注ぎ入れ、さらに20分煮る

メンチカツ

揚げたてのメンチカツは、サクッとジューシー。
ひと手間かけたソースでどうぞ。

■ **材料**

合挽き肉…300 g
玉ねぎ…中1/2個
塩…小さじ1/2
こしょう…少々
パン粉…50 g
牛乳…50㎖
小麦粉…適量
卵… 1 個
パン粉…適量
揚げ油…適量

ソース
ウスターソース…大さじ3
トマトケチャップ…大さじ1
レモン汁…少々

■ **作り方**

① 合挽き肉に塩、こしょうを加えて混ぜ、みじん切りした玉ねぎ、パン粉、牛乳を加えてさらに混ぜる
② ①を4等分して小判形にし、小麦粉、溶き卵、パン粉を順につけ、160〜170℃の油でゆっくり揚げる
③ ソースを作る。ウスターソースとケチャップを鍋に入れ、軽く温めレモン汁を加える

スコッチエッグ

見た目がかわいいので、クリスマスなどのパーティー料理にもぴったりです。

■材料

卵…小4個（茹で卵用）

A
- 合挽き肉…240 g
- 玉ねぎ（みじん切り）…中1/2個
- パン粉…1カップ
- 牛乳…大さじ2
- 塩…小さじ1/2
- こしょう…少々

小麦粉…適量

卵…1個

パン粉…適量

揚げ油…適量

ソース
- ウスターソース…大さじ3
- トマトケチャップ…大さじ1
- レモン汁…少々

■作り方

① 固茹で卵（沸騰後約10分茹でる）を作る

② Aをよく混ぜ、4等分する

③ 殻をむいた茹で卵に、小麦粉（分量外）をまぶす。②の肉を手のひらに広げ、茹で卵を置き、包む

④ 小麦粉、溶き卵、パン粉を順につけ、170℃の油で揚げる

⑤ P32③の手順でソースを作る

ハムローフ

ハムもひと手間加えると、こんなご馳走になります。

■ **材料**

豚挽き肉…200 g
ハム…120 g
玉ねぎ…中1/2個
パン粉…40 g
牛乳…大さじ3
卵…１個
塩…小さじ1/3
こしょう…少々
サラダ油…適量

■ **作り方**

① 豚挽き肉とみじん切りにしたハムと玉ねぎ、パン粉、牛乳、卵を合わせ、塩、こしょうを加えてよく混ぜる
② 深みのあるローフ型の耐熱容器に①を入れ、表面にサラダ油を塗る
③ 180〜200℃のオーブンで約40分焼く。中央に竹串を刺すと澄んだ汁が出て、弾力があればできあがり

ミートローフ

熱々のミートローフには、
丁寧に作ったリッチなソースを。

■材料

豚挽き肉…400 g
パン粉…60 g
玉ねぎ…中1/2個
牛乳…大さじ3
卵…1個
塩、こしょう…各少々
サラダ油…適量

ソース
　ベーコン…1枚
　セロリ…10 g
　生しいたけ…80 g
　小麦粉…小さじ1
　A
　　スープの素…小さじ1 1/2
　　水…150mℓ
　　トマトペースト…大さじ2
　　トマトケチャップ…大さじ1
　　デミグラスソース…大さじ2
塩、こしょう…各少々

■作り方

① 豚挽き肉とみじん切りの玉ねぎ、パン粉、牛乳、卵を合わせ、塩、こしょうを加え粘り気が出るまで混ぜる
② 深みのあるローフ型の耐熱容器に①を入れ、表面にサラダ油を塗る
③ 180～200℃のオーブンで約40分焼く。竹串を刺すと澄んだ汁が出て、弾力があればできあがり

ソース
① 粗みじん切りのベーコン、セロリ、しいたけを炒め、小麦粉をふる
② Aを加え、とろみがつくまで弱火で煮つめ、塩、こしょうで味を調える

四《スー》喜《シー》丸《ワン》子《ズ》

簡単でおいしいスーシーワンズは、
野菜もたくさん食べられます。

■ 材料

A
- 豚挽き肉…300〜400 g
- 長ねぎ（みじん切り）… 1 本
- しょうが（みじん切り）…1/2かけ
- しょう油、酒…各大さじ 1
- 卵… 1 個
- 片栗粉…大さじ 1
- 塩、こしょう…各少々

サラダ油…大さじ 1

キャベツ…1/2個（600 g）

B
- しょう油…大さじ 3
- スープの素…小さじ 1
- 酒…1/4カップ
- 水… 1 〜 1 1/2カップ（キャベツの水分で加減する）

■ 作り方

① Aの材料をよく混ぜ、4等分し、肉団子を作る。キャベツは大きめにちぎる

② 大きめの鍋にサラダ油を熱し、肉団子を焼き、取り出す。後で煮込むので外側が焼けていればよい

③ 同じ鍋にキャベツをしき、その上に②を置き、Bを加えて強火で煮る。沸騰したら弱火で30分ほど煮込む

なすのベーコン煮

なすとトマトの組み合わせは間違いなし。
夏野菜がおいしい季節にどうぞ。

■ 材料

なす… 8 本
玉ねぎ…中1/2個
ベーコン…80 g
トマト（完熟）…中 2 個
オリーブ油…大さじ 1
トマトピューレ…大さじ 2
スープ［スープの素…小さじ 1
　　　　水…1/2カップ
塩、こしょう…各少々

■ 作り方

① なすは縦1/4、ベーコンは1cm幅に切る。玉ねぎはくし切り、トマトは皮をむいて種を除き、ざく切りにする
② 鍋にオリーブ油を熱し、ベーコン、玉ねぎ、なす、トマトを順に入れて炒める。トマトピューレ、スープを加え、なすが柔らかくなるまで煮たら、塩、こしょうで味を調える

豚肉と大根の煮物

こっくりとした味付けに、白いご飯がすすみます。
男性にも喜ばれる一品です。

■材料

大根…600 g
豚バラ薄切り肉…200 g
だし汁…適量
酒…大さじ1
しょう油…大さじ3
砂糖…大さじ1
片栗粉…大さじ1 1/2
水…大さじ3

■作り方

① 大根は縦1/4にし、そぎ切りにする。豚肉は3cm幅に切る
② 鍋に大根を入れ、ひたひたのだし汁に酒を加え、透き通るまで煮る
③ ②に豚肉としょう油、砂糖を加えて煮る
④ 片栗粉を水でといて③に加え、とろみをつける

さけの蒸し焼き
マヨネーズソースがけ

ベイリーフの香りがお魚の味を引き立てます。
手作りマヨネーズでさっぱりと。

■ **材料**

生さけ…100 g × 4 切れ
塩…ひとつまみ
こしょう…少々
玉ねぎ…中1/2個
サラダ油…大さじ 1
ベイリーフ… 2 枚
酒…大さじ 2
マヨネーズ…適量

■ **作り方**

① 生さけに塩をふって15分おき、出てきた水分をキッチンペーパーでふき取る
② フライパンにサラダ油を熱して生さけを並べ、こしょう、薄切りにした玉ねぎを散らし、ベイリーフをのせる。酒をふってふたをし、中火で蒸し焼きにする
③ P20の手順でマヨネーズソースを作る

さけのフライ
タルタルソースがけ

自家製タルタルソースはまたひと味ちがったおいしさ。
お魚のフライによく合います。

■ 材料

生さけ…80ｇ×４切れ
塩…小さじ1/2
こしょう…少々
小麦粉…適量
卵…１個
パン粉…適量
揚げ油…適量

タルタルソース
　きゅうりピクルス…20ｇ
　玉ねぎ…20ｇ
　茹で卵…１個
　マヨネーズ…大さじ４

■ 作り方

① 生さけに塩をふって15分おく。出てきた水分をキッチンペーパーでふき取り、こしょうをふる
② 小麦粉、溶き卵、パン粉を順につけ、170〜180℃の油で揚げる
③ タルタルソースを作る。ピクルス、茹で卵はみじん切り、玉ねぎはみじん切りにして水にさらし、絞る。すべて混ぜてマヨネーズで和える

かれいのたれ漬け

煮つけにすることの多いかれいですが、
さっと揚げて甘辛のたれにからめると新鮮な食感に。

■ **材料**

かれい…80g × 4切れ
塩…小さじ1/2
小麦粉…適量
揚げ油…適量
A
- 砂糖…大さじ1 1/2
- しょう油…大さじ1 1/2
- 片栗粉…大さじ1/2
- 水…大さじ6

■ **作り方**

① かれいはうろこを取り、塩をふり、15分おく。出てきた水分をキッチンペーパーでふき取る
② 小麦粉を薄くまぶして170～180℃の油で揚げる ▸▸
③ 揚げている間にたれを作る。鍋にAをすべて入れ、中火でかきまぜながら沸騰させる（沸騰させないと、とろみがつかない）
④ 揚げたてのかれいに③のたれをからませる

Point ▸ 特に魚は揚げあがりのタイミングが分かりづらいですが、油に入れたときにブクブクと大きく出ていた泡が細かくなり、シュワシュワという音がしてくれば揚げあがりです

かきフライ

実は自宅でも簡単にできるかきフライ。
揚げたてはサクサクジューシーな口当たりです。

■ **材料**

かき…12粒
塩…小さじ1/2
こしょう…少々
小麦粉…適量
卵… 1 個
パン粉…適量
揚げ油…適量
キャベツの葉…大 4 枚

■ **作り方**

① かきは水洗い後、水気をふき取り、
塩、こしょうをふる
② 小麦粉、溶き卵、パン粉を順につけ
170～180℃の油で揚げる
③ 千切りしたキャベツをそえる

あじの五目あんかけ

中華風の五目あんは、揚げ物によく合います。お魚料理の献立にぜひ加えてみてください。

■材料

あじ…４尾
塩…小さじ1/4
小麦粉…適量
揚げ油…適量

五目あん
- 牛挽き肉…40ｇ
- 干ししいたけ…４枚
- にんじん…30ｇ
- もやし…50ｇ
- 長ねぎ…1/4本
- グリンピース（冷凍）…20ｇ
- しょう油…大さじ１
- 塩…小さじ2/3
- スープ
  - スープの素…小さじ1/2
  - 水…１カップ
- 片栗粉…大さじ１ 1/2
- 水…大さじ３
- サラダ油…小さじ１

■作り方

① あじは頭を取って内臓を出し、両面に切り込みを入れる。塩をふって15分おき、出てきた水分をキッチンペーパーでふき取る。小麦粉を薄くまぶして170～180℃の油で揚げる

② にんじんは3㎝長さの細切り、干ししいたけは水で戻して千切り、長ねぎは縦半分にしてから斜め薄切り、グリンピースはお湯をかけておく

③ 五目あんを作る。鍋にサラダ油を熱し、牛挽き肉を炒め、しいたけ、にんじん、もやしの順に加え炒める。火が通ったら、しょう油、塩、スープを加える。煮立ったら水溶き片栗粉、長ねぎ、グリンピースを入れ、再沸騰したら火を止める

さばのから揚げ
ラビゴットソースがけ

カラッと揚がったさばに、
さっぱりとした
色鮮やかなラビゴットソースは
食卓を華やかにしてくれます。

■材料

さば…100g×4切れ
塩…小さじ1
こしょう…少々
小麦粉…適量
揚げ油…適量

ラビゴットソース
玉ねぎ…中1/4個
きゅうり…1/2本
トマト…中1/4個
セロリ…20g
A
レモン汁…小さじ1/2
サラダ油…大さじ2 1/2
酢…大さじ1
塩…小さじ1/5
こしょう…少々

■作り方

① さばは塩をふって15分おく。出てきた水分をキッチンペーパーでふき取り、こしょうをふる。小麦粉を薄くまぶして170〜180℃の油で揚げる
② ラビゴットソースを作る。玉ねぎは粗みじん切りにして水にさらし、絞る。皮をむいて種を除いたトマト、きゅうり、セロリを5mm角に切る
③ ボウルにAを入れて混ぜ、②を加えて混ぜる

ぎせい豆腐

ボリューム満点のお豆腐料理。
大根おろしでさっぱりいただきます。

■ **材料**

木綿豆腐… 1 丁（400 g）
豚挽き肉…100 g
にんじん…60 g
干しいたけ… 3 枚
グリンピース（冷凍）…大さじ 2
サラダ油…小さじ 1
砂糖…大さじ 2 〜 3
塩…小さじ 1/2
しょう油…大さじ 1
卵… 3 個
サラダ油…小さじ 1
大根…160 g
しょう油…小さじ 1

■ **作り方**

① 水で戻した干しいたけ、にんじんは千切りにする。豆腐は粗くくずしながら熱湯に入れて軽く茹で、ふきんをしいたざるに上げて水気を切る。粗熱がとれたらふきんでつつみ、軽く絞る
② 鍋にサラダ油を熱し、豚挽き肉、にんじん、しいたけ、グリンピースの順に加えて炒め、しんなりしてきたら豆腐を加えてよく混ぜる。砂糖、塩、しょう油を加え、木べらで混ぜながら煮る
③ にんじんが柔らかくなったら鍋を火からおろし、粗熱がとれたらほぐした卵を入れて軽く混ぜる
④ フライパン（厚焼き卵用など）にサラダ油を熱し、③を入れて弱火でじっくり焼く
⑤ 大根をおろし、しょう油をそえる

炒り豆腐

これ一品でバランスのよい食卓がととのいます。
お弁当のおかずにも。

■材料

木綿豆腐…１丁（400ｇ）
鶏挽き肉…200ｇ
にんじん…60ｇ
れんこん…60ｇ
干しいたけ…３枚
グリンピース（冷凍）
…大さじ３
卵…２個
しょう油…大さじ２
砂糖…大さじ１ 1/2
サラダ油…大さじ１

■作り方

① 豆腐は熱湯に入れて粗くくずし、ふきんをしいたざるに上げて水気を切り、軽く絞る
② 水で戻した干しいたけとにんじんは細切り、れんこんは縦1/4にして薄切り、グリンピースはお湯をかけておく
③ 鍋またはフライパンにサラダ油を熱し、鶏挽き肉、しいたけ、にんじん、れんこんの順に炒め、豆腐を入れてよく混ぜ、しょう油と砂糖を加える
④ 木べらで時々混ぜながら、炒め煮にする。にんじんが柔らかくなったら溶き卵を入れてさっと混ぜ、最後にグリンピースを加えて混ぜる

ちくわ、こんにゃく、さつま揚げの煮物

中等科1年生が初めてのお料理で作るおかず。味のしみこんだこんにゃくが絶品です。

■ **材料**

ちくわ…１本
こんにゃく…１枚
さつま揚げ…小４枚
だし汁…１カップ
酒…大さじ1
砂糖…大さじ3
しょう油…大さじ2

■ **作り方**

① ちくわは４等分して半分に斜め切り、こんにゃくは横1/2に切り1.5㎝幅に切る。さつま揚げは熱湯をかけて油抜きをし、適当な大きさに切る
② 鍋にだし汁と酒、砂糖、しょう油を入れ、こんにゃくを煮る。ちくわ、さつま揚げも順に加えて煮あげる

煮込みおでん

昆布の味がやわらかい大根にしみこみます。

■材料

ちくわ… 1 本
さつま揚げ… 4 枚
がんもどき… 4 個
大根…300 g
こんにゃく… 1 枚
さといも…中 4 個
昆布…5㎝角× 4 枚
だし汁… 2 カップ
砂糖…小さじ 2
しょう油…大さじ 2
練り辛子…適量

■作り方

① ちくわは 4 等分に切る。さつま揚げ、がんもどきは湯通しする。大根は皮をむいて 4 等分に輪切りにし、面取りをして固茹でにする。こんにゃくは三角になるよう1/8に切り、湯通しする。さといもは皮をむく
② 広口の鍋にだし汁、昆布、大根、こんにゃく、さといも、砂糖、しょう油（半量分）を入れて煮込む。味がついたら、ちくわ、さつま揚げ、がんもどきを入れ、さっと煮る
③ 最後に残りのしょう油を加え、火を止める。皿に盛り、辛子を添える

ホワイトシチュー

お肉も野菜も
たっぷりと入ったシチューは、
寒い季節にほっとできる味です。

■材料

豚薄切り肉…200g
塩…小さじ1/2
こしょう…少々
じゃがいも…中3個
玉ねぎ…小1個
にんじん…100g
サラダ油…小さじ1
スープ［スープの素…大さじ1
　　　　水…4カップ
ホワイトソース
　バター…40g
　小麦粉…40g
　牛乳…300㎖

■作り方

① 豚肉は3㎝幅に切り、塩、こしょうをふる。じゃがいも、にんじんは乱切り、玉ねぎは1.5㎝幅のくし切りにする
② 深鍋にサラダ油を熱し、豚肉と野菜を入れて炒める。スープを注ぎ、あくをとりながら中火で煮る
③ 他の鍋にバターを溶かし、小麦粉を入れてしっとりするまで混ぜる。沸騰前まで温めた牛乳を注ぎ入れてよく混ぜ、ホワイトソースを作る
④ 野菜が柔らかく煮えたら、ホワイトソースを加えて混ぜ、塩で味を調える

ホワイトソース

自由学園では、ホワイトソースを使った料理が、
今も昔もとても人気です。難しそうに見えますが、
実はとてもかんたんで失敗なく作れます。

■本書でよく使う、基本のホワイトソースの作り方

① スープ用の水、スープの素、牛乳を鍋に入れ、沸騰直前まで温める
② 別の鍋を火にかけ、バターを溶かし、小麦粉を加えてよく混ぜる
③ ②がしっとりとしたら①を注ぎ入れる。焦げないようにゴムべらなどで底から混ぜる。とろみがついたらできあがり

マカロニ
クリームコロッケ

ホワイトソースの作り方さえマスターすれば、
子どもにも大人にも大人気の
クリームコロッケはお手のもの。

■材料

マカロニ（乾）…40 g
ロースハム…100 g
むきえび（冷凍）…120 g
玉ねぎ…中1/4個
マッシュルーム（缶）…40 g
ホールコーン（缶）…40 g
サラダ油…少々
<u>ホワイトソース</u>
　スープの素…小さじ 2
　水…1/2カップ
　牛乳…300mℓ
　バター…40 g
　小麦粉…40 g
小麦粉…適量
卵… 1 個
パン粉…適量
揚げ油…適量

■作り方

① マカロニは茹でて冷まし、粗く刻む。ハム、むきえび、玉ねぎ、マッシュルームは粗みじん切り、ホールコーンは水気を切っておく
② P50の手順でホワイトソースを固めに作る
③ フライパンにサラダ油を熱し、えび、玉ねぎを炒める。ハム、コーン、マッシュルーム、マカロニを順に加えて炒める
④ ③をホワイトソースと和え、しっかり冷ました後、8 等分して俵形にする。小麦粉、溶き卵、パン粉を順につけ、180℃の油で揚げる

たらグラタン

たらのおいしい季節に、ぜひ作ってみてください。

■材料

生たら…80g×4切れ
塩、こしょう…各少々
レモン汁…大さじ1
サラダ油…小さじ1
玉ねぎ…中1個
じゃがいも…中2個
マッシュルーム（缶）
…60g
サラダ油…小さじ1

ホワイトソース
スープの素…小さじ1 1/2
水…120mℓ
牛乳…240mℓ
バター…30g
小麦粉…30g
パン粉…大さじ3
粉チーズ…大さじ1
器に塗る／のせるバター
…各大さじ1/2

■作り方

① たらに塩、こしょう、レモン汁をふりかけ、サラダ油を熱したフライパンで両面を焼く
② じゃがいもは5mm厚さのいちょう切りにし茹でる。玉ねぎは1cmの角切り、マッシュルームは薄切りにする
③ 鍋にサラダ油を熱し、玉ねぎを透き通るくらいまで炒め、マッシュルーム、じゃがいもを順に加えて炒める
④ P50の手順でホワイトソースを作る
⑤ バターを塗ったグラタン皿にホワイトソースの半量、③の具、たらをのせ、残りのホワイトソースをかけ、混ぜておいたパン粉と粉チーズ、ちぎったバターをのせて200℃のオーブンで焦げ目がつくまで焼く

鶏えびグラタン

具がたっぷり入ったホワイトソースを器に入れて、
オーブンで焼けばできあがり。熱々をどうぞ。

■材料

鶏もも肉…140g
むきえび（冷凍）…120g
じゃがいも…中2個
玉ねぎ…中1/2個
マッシュルーム（缶）
…60g
グリンピース（冷凍）
…40g
サラダ油…小さじ1
塩、こしょう…各少々

ホワイトソース
スープの素…小さじ1 1/2
水…120mℓ
牛乳…240mℓ
バター…30g
小麦粉…30g
パン粉…大さじ3
粉チーズ…大さじ1
器に塗る／のせるバター
…各大さじ1/2

■作り方

① 鶏肉は親指大に切る。むきえびは解凍して水で洗い、水気を切る。じゃがいもは5mm厚さのいちょう切りにして茹でる。玉ねぎは1cmの角切り、マッシュルームは薄切り、グリンピースはお湯をかけておく
② P50の手順でホワイトソースを作る
③ 鍋にサラダ油を熱し鶏肉を炒め、塩、こしょうをし、玉ねぎ、えび、マッシュルーム、じゃがいも、グリンピースを順に加える。ホワイトソースを入れてひと混ぜし、塩、こしょうで味を調える
④ バターを塗ったグラタン皿に③を入れ、混ぜておいたパン粉と粉チーズ、ちぎったバターをのせて200℃のオーブンで焦げ目がつくまで焼く

クラムチャウダー

コロコロに切った野菜と、うまみたっぷりのあさり。
ボリューム満点のスープは朝食にもおすすめです。

■材料

あさり（冷凍）…200g
ベーコン…40g
じゃがいも…中2個
玉ねぎ…小1個
スープ
- スープの素…小さじ2
- 水…2カップ

ホワイトソース
- バター…30g
- 小麦粉…30g
- 牛乳…400mℓ

塩…少々
パセリ…少々

■作り方

① あさりは解凍しておく。ベーコンは1cm幅に切る。じゃがいもは1cmの角切り、玉ねぎは粗みじん切り、パセリはみじん切りにする
② 鍋にベーコンを入れ、弱火で炒める。脂が出たら玉ねぎを入れ、しんなりするまで炒める。じゃがいもを加え、全体に脂がまわるように炒める
③ スープを注ぎ、じゃがいもに火が通ったらあさりを入れる
④ P50③の手順でホワイトソースを作る
⑤ あさりに火が通ったらホワイトソースを加え、塩で味を調える。器に盛り付け、パセリを散らす

副菜

あともう一品あれば……と思うことはありませんか？　この章では、どんな主菜にも合わせやすいおかず、ご家庭でも作りやすいおかず、旬の素材を使ったおかずなど、10品を選びました。お弁当の一品としても役立ちます。

白菜の辛子じょう油がけ

辛子じょう油はいろいろな野菜に合う万能調味料。さっぱりとした白菜のアクセントに。

■ **材料**

白菜… 1/4個（500ｇ）
しょう油…大さじ２
粉辛子…小さじ１（練り辛子も可）

■ **作り方**

① 白菜は芯をつけたまま、厚い部分が柔らかくなるまで茹で、まな板にあげて芯をとる。葉の先と厚い部分が交互になるように重ね、4cm幅に切る
② 辛子をしょう油で溶き、①にかける

小松菜とあさりの辛子じょう油和え

さっと茹でて、さっと和えれば完成。簡単な一品です。

■ **材料**

小松菜…１束（200ｇ）
あさり（水煮缶、むき身でも可）
…100ｇ
しょう油…大さじ１
練り辛子…適量

■ **作り方**

① 小松菜は3cmに切り、茹でて絞り、汁気を切ったあさりと辛子じょう油で和える

わけぎとわかめのぬた

うどの苦みと酢味噌の酸味。
家庭でのおつまみにも
ぴったりです。

■ 材料

わけぎ…200 g
塩わかめ…20 g
うど…80 g
酢味噌
　西京味噌…大さじ3
　酢…大さじ1
　砂糖…大さじ1

■ 作り方

① わけぎは1.5cm長さに切り、茹でる
② わかめは水で戻し、1cm幅に切る
③ うどは皮を厚めにむいて3cm長さの短冊切りにし、酢水につけてあくを抜く
④ それぞれの水気を切り酢味噌で和える

キャベツののり酢和え

キャベツは彩りよく
茹でることがポイント。
口の中に、
のりの風味が広がります。

■ 材料

キャベツ…1/4個（300 g）
のり…1/2枚
酢…大さじ1 1/3
砂糖…大さじ1/2
塩…小さじ1/2

■ 作り方

① キャベツは千切りにして茹で、軽く絞る
② 酢、砂糖、塩を合わせ、のりをちぎって入れ、キャベツと和える

味噌田楽

ほっくりとしたさといもに、
ほのかな柚子の香りのする味噌がよく合います。

■材料

さといも…中4個
塩…小さじ1
こんにゃく…1枚
ちくわ…大2本
<u>合わせ味噌</u>
　西京味噌…大さじ1 1/2
　赤味噌…大さじ2
　砂糖…大さじ2 1/2
　柚子…1/5個

■作り方

① さといもは皮をむき、塩でもみ、茹でる。こんにゃくは塩でもみ、茹で、三角になるよう1/8に切る。ちくわは1本を4等分し、茹でる

② 合わせ味噌を作る。西京味噌、赤味噌を鍋に入れ、砂糖を加えてゆるめていく。水（分量外）を少し加えて練り、すりおろした柚子の皮を入れる。①にかける

白和え

ごまの風味が豊かな白和えです。

■材料

木綿豆腐…2/3丁（200 g）
こんにゃく…1/2枚
にんじん…60 g

A	しょう油…小さじ2
	砂糖…小さじ1 1/2
	だし汁…1/2カップ

白炒りごま…大さじ1 1/2
ねりごま…大さじ1
砂糖…小さじ2
塩…小さじ1/3

■作り方

① 木綿豆腐は手で粗くくずし、沸騰した湯で3分茹で、ふきん（厚手のキッチンペーパーでも可）をしいたざるに上げる。約10分おいて水気を切り、軽く絞る

② こんにゃく、にんじんは3cmの短冊切りにし、Aを加えて煮る

③ すり鉢で白炒りごまをよくすり、ねりごま、砂糖、塩を加え、さらにする。豆腐を加えて和え衣を作り、②を和える

筍の木の芽和え

木の芽の緑が
新緑を思わせます。
校内で
収穫した筍で作る、
旬の一皿です。

■材料

茹で筍…200 g
だし汁…少々
砂糖…少々
A
西京味噌…大さじ3
みりん…小さじ2
しょう油…小さじ1
木の芽…20枚
ほうれん草の葉…少々

■作り方

① 筍は1.5㎝角のさいの目切りにし、だし汁と砂糖でさっと煮る
② 木の芽の柔らかい部分を、すり鉢でよくする。緑色をおぎなうために、ほうれん草の葉の部分を茹でて細かく切り、木の芽に加え、Aも加えてする
③ 筍と②を和える

かぼちゃの甘煮

家庭料理の定番。
ほっこりした味です。

■材料

かぼちゃ…400 g
砂糖…大さじ1
塩…ひとつまみ

■作り方

① かぼちゃは種とわたを取り、大きさをそろえて切る。面取りをする
② 鍋にかぼちゃを並べ、ひたひたの水を加え強火で煮る。煮立ったら中火にして砂糖と塩を加え、ふたをして柔らかくなるまで煮る

マカロニサラダ

みんな大好きなサラダの定番。
たくさん作っておかわり自由に。

■材料

マカロニ（乾）…100 g
サラダ油…少々
ロースハム…２枚
玉ねぎ…20 g
きゅうり…1/2本
マヨネーズ…大さじ４弱
塩、こしょう…各少々

■作り方

① 茹であがったマカロニにサラダ油をふりかけ、混ぜる。ハムは2㎝角に切り、玉ねぎは薄切りにして水にさらし、固く絞る。きゅうりは薄い輪切りにして塩（分量外）をふり、しんなりさせ、水気を固く絞る

② すべての具を混ぜ、マヨネーズで和え、塩、こしょうで味を調える

アスピックゼリー

夏のおもてなしの一品に。

■材料

トマト…中1/2個
きゅうり…1/2本
ほたて（缶）…20 g
スープ
- スープの素…小さじ1
- 水…1 1/2カップ
  （ほたて缶の汁を入れてもよい）

アガー…大さじ1 1/2

■作り方

① トマトときゅうりを5㎜角に切る。ほたてを細かくほぐす
② 沸騰直前でスープの火を止め、アガーを加え、泡立て器でよく混ぜる
③ スープの粗熱がとれたら、水で濡らした型に半量を注ぎ入れ、固まりかけたらトマトときゅうり、ほたてをきれいに散らし入れ、落ち着かせる
④ 残りのスープを注ぎ入れ、冷蔵庫に入れて固める

ご飯・パン

かんたんに作れる混ぜご飯、ボリュームのある丼やサンドイッチのほか、季節を味わえ、おもてなしにもぴったりなご飯を揃えました。

思わず「おかわり！」と言ってしまうものばかりです。

ちらし寿司

ひな祭りは、
手間暇かけたちらし寿司でお祝い。
盛り付けにもひと工夫を。

■ **材料**

米…２合
合わせ酢
　砂糖…大さじ２
　酢…大さじ４
　塩…小さじ2/3
にんじん…60ｇ
干しいたけ…３枚
かんぴょう（乾）…12ｇ
A
　干しいたけの戻し汁＋水…150㎖
　砂糖、しょう油、みりん
　　…各大さじ１
れんこん…80ｇ
B
　砂糖…大さじ1/2
　酢…大さじ１ 1/2
　塩…少々
錦糸卵
　卵…２個
　砂糖…大さじ2/3
　塩…少々
　サラダ油…少々
でんぶ
　さけ（缶）…100ｇ
　砂糖…大さじ１
　酒…大さじ１
　塩…少々
　食紅…少々
さやえんどう…15枚
塩…少々
のり…1/4枚

■ **作り方**

① ご飯は固めに炊き、むらしすぎないように注意する。合わせ酢を入れ、さっくり混ぜながら冷ます
② にんじんは長さ3cmの細切り、干しいたけは水で戻して軸を除き、千切りにする
③ かんぴょうは水でぬらし、塩少々（分量外）をふってもみこむ。塩を洗い流して鍋に入れ、たっぷりの水を加え、ふたをして柔らかくなるまで15分くらい茹でる。水気を切り、小さく刻んだかんぴょうとにんじん、干しいたけを鍋に入れ、Ａを加えて汁気がなくなるまで煮て、冷ます
④ れんこんは2㎜厚さのいちょう切りにし、酢水（分量外）にしばらくさらして水気を切る。鍋にれんこんとＢを入れ、中火で２～３分炒り煮にする
⑤ 錦糸卵を作る。卵を割りほぐし、調味料を加えて混ぜ、サラダ油を熱したフライパンで薄焼き卵を焼く。千切りにして錦糸卵を作る
⑥ でんぶを作る。さけは骨と皮を除く。鍋に入れ、よくほぐしてから調味料と食紅を加え、さい箸５～６本でホロホロになるまでよく混ぜる。中火にかけ、時々鍋を火から外し、底をぬれぶきんにあてつつ、焦がさないよう注意しながら炒る
⑦ さやえんどうは斜め薄切りにして茹で上げ、塩をふる
⑧ のりはあぶって、乾いたふきんに包んでよくもむ
⑨ すし飯に③を混ぜて器に盛り付け、他の具をいろどりよく飾る

筍ご飯

甘辛く煮た筍を、炊きたてご飯に混ぜるだけ。

■ **材料**

米…2合
しょう油…大さじ1/2
昆布…5㎝角1枚
茹で筍…160g

A
- だし汁…1/2カップ
- 砂糖…大さじ1/2
- しょう油…大さじ1

■ **作り方**

① 米はしょう油、昆布を加え、炊飯器の水加減で炊く
② 茹で筍は短冊切りにしてAで煮る
③ 炊きあがったご飯に②を混ぜる

栗ご飯

秋、大きい栗が手に入ったら、ぜひ作ってみてください。

■ 材料

米… 2 合
塩…小さじ1/3
酒…小さじ1
むき栗…150 g

■ 作り方

① むき栗は、大きいものは半分に切る
② 米は栗、塩、酒を加えて炊飯器の水加減で炊く

ひじきご飯

中等科1年の3学期は、混ぜご飯の勉強をします。
栄養たっぷりなので、お子さまと一緒の食卓にぜひ。

■ 材料

米… 2 合
しょう油…大さじ 1
ひじき（乾）…10 g
豚こま切れ肉…200 g
油揚げ… 1 枚
A［しょう油…大さじ 1
　 砂糖…大さじ 1
　 水…大さじ 2

■ 作り方

① 米は炊く直前にしょう油を加え、炊飯器の水加減で炊く
② ひじきはたっぷりの水で戻し、ざるに上げて水気を切る。豚こま切れ肉は1.5㎝幅に切る。油揚げは熱湯をかけて油抜きし、横半分に切って5㎜幅に切る
③ フライパンに豚肉、ひじき、油揚げを入れて火にかけ、Aを加えて水気がなくなるまで炒める
④ 炊きあがったご飯に③を混ぜる

豚肉、ねぎ、にんじんの混ぜご飯

長ねぎとしょうががアクセントになって、豚肉のうまみを引き出します。

■ **材料**

米… 2合
しょう油…大さじ1
豚こま切れ肉…200g
にんじん…50g
長ねぎ…1/2本
しょうが… 1かけ
グリンピース（冷凍）
…大さじ3
しょう油…大さじ1
砂糖…大さじ1
水…大さじ2

■ **作り方**

① 米は炊く直前にしょう油を加え、炊飯器の水加減で炊く
② 豚こま切れ肉は1.5㎝幅に切る。にんじんは細切り、しょうがは千切り、長ねぎは小口切り、グリンピースはお湯をかけておく
③ 豚肉、にんじん、長ねぎにしょう油、砂糖、水を加えて炒りつけ、火が通ったらしょうがとグリンピースを加える
④ 炊きあがったご飯に③を混ぜる

鯛飯

だしのきいたご飯の上には、
ふんわりとした鯛そぼろを。

■ **材料**

米…２合
昆布…10㎝角１枚
酒…大さじ１
しょう油…大さじ1/2
鯛そぼろ
　鯛切り身…300ｇ
　砂糖…大さじ２
　塩…小さじ1/2
　しょう油…小さじ１
　酒…大さじ１
もみのり…適量

■ **作り方**

① 米は酒を加えて炊飯器の水加減にし、昆布を入れて30分おく。炊く直前にしょう油を加えて炊く
② 鯛はしっかり茹でてざるに上げた後、皮と骨を取り除き、ほぐす
③ ②を鍋にあけ、さい箸５～６本でていねいに混ぜ、ふわっとさせる
④ 調味料を加えて弱火にかけ、よく混ぜながら水気をとばす
⑤ ご飯を器に盛り付けて④をかけ、もみのりを散らす

親子丼

ポイントは「フワッ」「トロッ」。火の通しすぎに気を付けて。

■ 材料

ご飯…米２合分
鶏もも肉…240 g
玉ねぎ…中１ 1/2個
三つ葉…30 g
卵…４個
だし汁…1/4カップ
しょう油…大さじ３弱
砂糖…大さじ１ 1/2
みりん…大さじ１ 1/2
サラダ油…大さじ１

■ 作り方

① フライパンにサラダ油を熱し、親指大に切った鶏もも肉を白くなるまで炒める。くし切りにした玉ねぎを加え、鶏もも肉とよく混ぜ、だし汁と調味料を加え、煮る
② 玉ねぎに火が通ったら、溶いた卵をまわし入れる。ふたをして、卵に火を通す。ご飯にかけて、最後に三つ葉を散らす

カレーライス

ルーから作る本格カレー。
たっぷり作って翌日にもどうぞ。

■材料

ご飯…米２合分
牛バラ肉…200ｇ
玉ねぎ…中１個
じゃがいも…中２個
にんじん…100ｇ
サラダ油…小さじ１
塩…小さじ1/2
こしょう…少々
ルー
　小麦粉…30ｇ
　バター…30ｇ
　カレー粉…大さじ３〜４
　スープ［スープの素…大さじ１
　　　　　水…７〜８カップ
　塩…小さじ１
　しょうが…１かけ
　にんにく…1/2かけ
玉ねぎ…10ｇ
りんご…1/4個
トマトケチャップ…大さじ１
しょう油…小さじ１

■作り方

① 煮込み用の鍋にサラダ油を熱し、適当な大きさに切った牛肉、1cm幅のくし切りにした玉ねぎを炒め、塩、こしょうをする。乱切りにしたじゃがいも、にんじんを加えてざっと炒め、全体に油がまわったら、ルー用のスープを具が浸るくらいの分だけ加え、野菜が柔らかくなるまで煮る
② ルーを作る。別の鍋にバターを溶かし、みじん切りにしたしょうがとにんにくを焦げつかないよう火加減に注意して炒める。小麦粉をふり入れ、きつね色になるまで30分くらい炒める。カレー粉をふり入れ、さらに良い香りが立つまで炒める
③ 少しずつ残りのスープを加え、すりおろした玉ねぎとりんご、ケチャップ、しょう油を入れたら①の鍋にうつす。最後に塩で味を調える

生徒が作ったカレーライス。自由学園にて撮影

3種の丸パンサンドイッチ

3つの味が楽しめるサンドイッチは、ピクニックにもぴったり。

■作り方

① 丸パンは横にナイフを入れて開き、バターをぬる
② 豚カツを作る。豚ロース肉は筋切りをし、塩、こしょうをする。小麦粉、溶き卵、パン粉を順につけ、160℃の油で揚げる
③ ポテトサラダを作る。乱切りにしたじゃがいもと、にんじんを一緒に茹でる。柔らかくなったらにんじんを取り出していちょう切り、じゃがいもはマッシュする。きゅうりは半月切りにして塩（分量外）をし、しんなりしたら絞る。玉ねぎは薄切りにして水にさらし、絞る。これらの野菜をまぜ、マヨネーズを加えて和える
④ 豚カツにソースをかけ、レタスとともに丸パンにはさむ。ポテトサラダとレタスを丸パンにはさむ。丸パンにりんごジャムをぬる

■ **材料**

丸パン…12個
バター…50 g
りんごジャム
…80 g

豚カツ
豚ロース肉…40 g × 4 枚
塩、こしょう…各少々
小麦粉…適量
卵… 1 個
パン粉…適量
揚げ油…適量
ウスターソース…大さじ 1 1/2

ポテトサラダ
じゃがいも…中 2 個
にんじん…40 g
玉ねぎ…20 g
きゅうり…1/2本
マヨネーズ…50 g
レタス… 8 枚

卒業生の声②

自由学園の女子部では、中等科1年から高等科2年の5年間、お料理の授業として、隔週で昼食を作ります。前日および当日朝にも準備をし、そして約2時間にわたるお料理の授業……。「食」とかかわってきた時間には、たくさんの思い出があります。

このページでは、卒業生たちに聞いた数々のエピソードをご紹介します。

お料理のエピソード

- ひたすら600人分のあじをさばき、キャベツを切り、じゃがいもの皮をむきました。みんなで笑いながらしました（54回生）
- わかさぎのフライを食べる競争をして106本食べた友人がいました（60回生　久保朋子）
- サラダ作りの担当になったときに、数百人分のきゅうりの輪切りをし、目が廻りました（62回生　森恵子）
- あん練りで間違って10倍の量のお水を入れてしまい、延々と水分を蒸発させたこと。あんで「り」の字が書けるようになった時には、モーセの気持ちになりました（82回生）
- 色々な場面が思い出されますが、料理を作り終えて、ホッとして小食堂でクラスのみんなで、楽しく食事を食べている光景がよみがえってきます（74回生　青木佐紀子）
- 私たちはどんなところでも、どんな状況でも、生き抜ける力はつけていただいたと自負しています。お料理ノートが大切だったことを結婚してから痛感しました（72回生）
- 栗ご飯の栗を前日一つひとつ皮むきしたこと（64回生）

その日の食事の栄養、かかった費用は食事時間に報告されます

- 希望満充がお食事時間中に全部焼き上がらず、一部の人たちには解散後（放課後）に食堂に来て食べてもらったこと（96回生　阿部歩）
- ご飯を炊いた後、片付けの時にお釜の底についたおこげを食べてばかりいたら先生に叱られたり、クリームコロッケが献立だった日、朝準備でホワイトソースを作る必要があったのに、牛乳が足りずに焦ったこと（93回生　伴野恋）
- 入学して初めてのお料理で第1リーダーをしました。決まった時はとても緊張しましたが、先生や上級生の方々に助けていただき、無事に作ることができたこと（93回生　井田紗也子）
- 手作りのドレッシングやマヨネーズの味が市販のものとまったく違うことに驚きました（赤池晴香）
- 当時の松本楼の柴田シェフにフランス料理を教えていただいたこと（58回生　小林眞知子）
- マヨネーズ作りを失敗した時に、先生が命がけで作り直してくださったこと。魔女のような素早さでした（62回生　山本由起子）

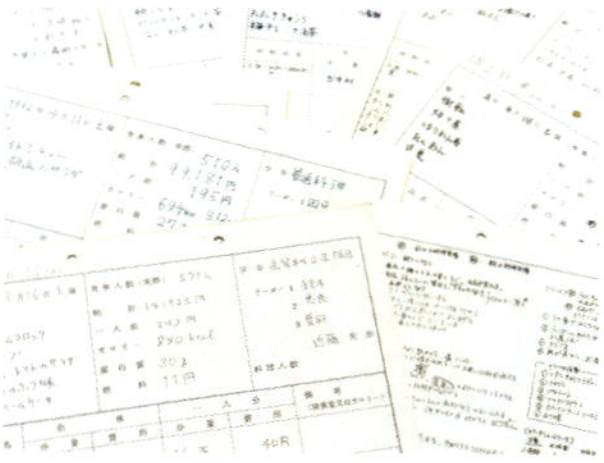

お料理リーダーが書く報告書

- ご飯を炊くのが難しく、芯のあるご飯にならないように一緒に料理する同級生と時間を気にしながら協力して炊いたことが一番の思い出です（86回生　松本梓）
- さいの目切りは同じ大きさになるよう丁寧に切ること、と、指導をうけた時、「大量料理で作る側は作業になってしまうが、いただく方は一人一皿なのだから心を込めるように」と教わりました（71回生　内田千洋）

女子部のチャイムは毎日当番制で係が鐘を鳴らします

- 初めてお釜でご飯を炊いたときの緊張感と、炊き上がったときの達成感を覚えています。なたで薪割りをするのが好きでした（56回生）
- 高等科3年の最後のフランス料理の授業のときに、600人分のオムレツを松本楼の柴田先生と焼いたこと（66回生　阿部眞季）
- 公立小学校の給食が好きではなかった私にとって、女子部の昼食はどれもが夢のようにおいしかったです（56回生　浅見昭恵）
- ご主人側、お客様側で違う学年が一つのテーブルを囲み、親しめたこと。テーブルセッティングやテーブルクロスの染み抜き・アイロンがけまでが料理の一部であると実感させてもらえたこと（56回生）
- 女子部のお料理は、授業としての時間や料理の作り方の勉強だけではなく、一つの事業がどのような細部と準備と協力で成り立っているかを体験します。日常として繰り返し会得していく勉強だったことを思い出します
- いわしやあじなどの調理の時に、初めは上手にできなくても何尾かおろしていくうちに次第に上手になり、数をこなすと上達するのがとても嬉しく楽しかったです（56回生　奥山久美子）

一つのテーブルを違う学年の生徒が囲み、ご主人側とお客様側にわかれます。盛り付けはご主人側の担当

お汁・スープ

家庭ではワンパターンになりがちな汁ものですが、自由学園では、献立に合ったさまざまな汁ものが登場します。定番のお味噌汁、具だくさんのけんちん汁、お魚を使ったちょっと珍しいお汁、そして洋食に合うスープをお楽しみください。

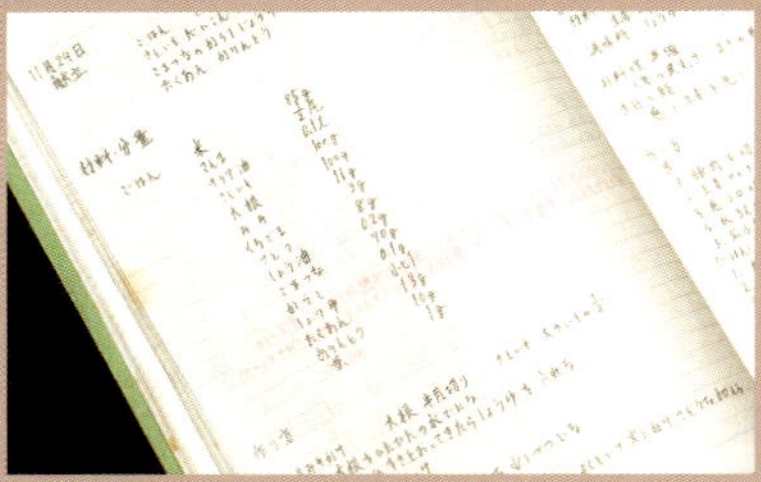

かぶと油揚げの味噌汁

火の通りのよいかぶは、お味噌汁にぴったり。
葉や茎も使って色鮮やかに。

■ **材料**

かぶ…葉つき２個
油揚げ…１枚
だし汁…３カップ強
味噌…大さじ２ 1/2
（味噌の種類によって塩分が異なるので、調整する）

■ **作り方**

① かぶは5㎜厚さの半月切り、葉と茎は3㎝長さに切る。油揚げは横半分にして5㎜幅に切る

② だし汁を火にかけ、油揚げとかぶを入れ、かぶに火が通ったら味噌とかぶの葉を入れ、ひと煮立ちしたら火を止める

けんちん汁

具だくさんのけんちん汁は、体の芯まで温まります。

■材料

木綿豆腐… 1 丁（400 g）
干しいたけ… 4 枚
大根…100 g
にんじん…小1/2本
ごぼう…1/6本
さといも…大 2 個
こんにゃく…1/4枚
ごま油…小さじ 1
だし汁… 4 カップ
しょう油…大さじ 1
塩…少々

■作り方

① 豆腐はざるにあげて水を切っておく。干しいたけは水で戻し、軸を取って千切り、大根、にんじん、さといもは5㎜幅の半月切り、ごぼうは2㎜厚さの斜め切り、こんにゃくはちぎっておく
② 鍋にごま油を熱し、野菜とこんにゃくをよく炒める
③ だし汁とくずした豆腐を入れ、野菜が柔らかくなるまで煮て、最後にしょう油と塩で味を調える

いわしのつみれ汁

丁寧に作ったいわしのつみれ。
お好みの薬味でいろいろな味が楽しめます。

■材料

いわし…小４尾
長ねぎ…1/2本
しょうが…１かけ
味噌…大さじ１
片栗粉…大さじ２弱
水…４カップ
しょう油…小さじ２
塩…小さじ１弱
薬味（みょうが、三つ葉など
　お好みで）…適量

■作り方

① 下処理をしたいわしの身を包丁で細かく刻み、すり鉢でする
② みじん切りした長ねぎ、しょうがの搾り汁、味噌、片栗粉を①に加え、よく混ぜる
③ 沸騰したお湯の中に、スプーンですくった①をおとしていく。静かに煮立たせ、浮いてきたらしょう油と塩で味を調える。器によそい、薬味を散らす

ねぎま汁

まぐろのうまみと
ねぎの甘みを、
しょう油味のだしが
引き立てます。

■**材料**

まぐろ…240g
しょう油…大さじ1
しょうが…1/2かけ
長ねぎ…1本
だし汁…4カップ
塩…小さじ1弱
しょう油…小さじ1
酒…大さじ1

■**作り方**

① まぐろを1.5cm角に切り、しょう油としょうがの搾り汁をまぶし15分おく
② だし汁を沸騰させ、まぐろを入れてあくを丁寧にとり、1.5cm長さに切った長ねぎを加える。塩、しょう油、酒で味を調える

たらこぶ汁

とにかくおいしい！
うまみばつぐん！

■**材料**

甘塩たら…50g×4切れ
切り昆布…8g
だし汁…4カップ
酒…大さじ1
塩…少々
しょう油…少々

■**作り方**

① 甘塩たらを食べやすい大きさに切る
② だし汁を沸騰させ、たらと、水につけてさっと洗った切り昆布を入れる。たらに火が通ったら、酒、塩、しょう油で味を調える

5種類のポタージュ

作り方の基本を覚えれば、アレンジ可能。
お好きな野菜で、カラフルなポタージュをお楽しみください。

ポタージュの
ホワイトソース

■ **材料**

バター…15 g
小麦粉…15 g
牛乳… 2 カップ
スープの素…小さじ 1
水… 1 カップ

■ **作り方**

この材料でP50を参考にホワイトソースを作り、茹でてからブレンダーやミキサーにかけた野菜を加え、塩、こしょうで味を調えれば、お好みのポタージュが楽しめます

トマトポタージュ

■ **材料**

トマトジュース…約200mℓ
ポタージュのホワイトソース
塩…適宜
こしょう…少々

■ **作り方**

① ポタージュのホワイトソースにトマトジュースを加え、火にかける
② 煮立ったら、塩、こしょうで味を調える

カリフラワーポタージュ

■ **材料**

カリフラワー…140 g
ポタージュのホワイトソース
塩…適宜
こしょう…少々

■ **作り方**

① カリフラワーを茹で、途中で飾り用に少量を取り出しておく。柔らかく茹だったものをブレンダーなどにかける
② ポタージュのホワイトソースに①を加えて火にかけ、煮立ったら塩、こしょうで味を調える。器に盛り、飾り用のカリフラワーをのせる

ほうれん草ポタージュ

■ **材料**

ほうれん草…50 g
ポタージュのホワイトソース
塩…適宜
こしょう…少々

■ **作り方**

① ほうれん草は柔らかく茹で、ブレンダーなどにかける
② ポタージュのホワイトソースに①を加え、火にかけて煮立ったら、塩、こしょうで味を調える

かぼちゃポタージュ

■ **材料**

かぼちゃ…160 g
玉ねぎ…40 g
スープ［スープの素…小さじ 1
　　　　水… 1 カップ
ポタージュのホワイトソース
（スープの素と水はなしで作る）
塩…適宜
こしょう…少々

■ **作り方**

① かぼちゃは皮をむかずに薄切り、玉ねぎも薄切りにし、スープで柔らかくなるまで煮て、ブレンダーなどにかける
② スープ抜きのポタージュのホワイトソースに①を加えて混ぜ、火にかけて煮立ったら、塩、こしょうで味を調える

コーンポタージュ

■ **材料**

クリームコーン（缶）…300～400 g
ポタージュのホワイトソース
塩…適宜
こしょう…少々

■ **作り方**

① コーンをブレンダーなどにかけ、なめらかにする
② ポタージュのホワイトソースにコーンを加えて火にかけ、煮立ったら塩、こしょうで味を調える

ほうれん草ポタージュ
トマトポタージュ
かぼちゃポタージュ
コーンポタージュ
カリフラワーポタージュ

ジュリアンスープ

細く切った野菜は、
さっと火を通すだけでOKです。

■材料

玉ねぎ…40 g
にんじん…20 g
キャベツ…80 g
水… 4カップ
スープの素…小さじ2
塩…適宜
こしょう…少々

■作り方

① 玉ねぎは薄いくし切り、にんじん、キャベツは3cm長さの千切りにする
② 水にスープの素を入れて火にかけ、沸騰したら野菜を加える。再度沸騰したら、塩、こしょうで味を調える

デザート

あんから作る本格的な和菓子、オーブンで焼き上げる洋菓子など、週に1回出てくるデザートを生徒は心待ちにしています。ご家庭でかんたんに作れて、味は本格的なデザートを選びました。

ピーチババロア

口の中でとろける、なめらかなデザート。

■ **材料**

ゼラチン…大さじ1
水…大さじ3
黄桃（缶）…80 g
卵黄… 2個分
砂糖…50 g
牛乳… 1カップ
生クリーム…1/2カップ
バニラエッセンス…少々

■ **作り方**

① 水にゼラチンを入れてふやかす。黄桃はさいの目に切る
② ボウルに卵黄と砂糖を入れ、よく混ぜ合わせる
③ 鍋に牛乳を入れて火にかけ、鍋の周りがフツフツしてきたら火を止め、①のゼラチンを入れて混ぜる
④ ゼラチンが完全に溶けたら、②のボウルに入れ、バニラエッセンスを入れて混ぜる
⑤ ④のボウルを氷水にあてながら混ぜ、とろみがついてきたら生クリームと黄桃を入れて容器に流し入れ、冷やし固める

チョコレートババロア

ちょっとビターなババロアは、
フワッとした食感が楽しめます。

■材料

ゼラチン…大さじ1
水…大さじ3
卵黄…2個分
砂糖…50g
ココア…大さじ2
牛乳…1カップ
生クリーム…1/2カップ
バニラエッセンス…少々

■作り方

① 水にゼラチンを入れてふやかす
② ボウルに卵黄と砂糖を入れ、よく混ぜ合わせる。なめらかになったらココアを入れ、ダマができないように混ぜる
③ 鍋に牛乳を入れて火にかけ、鍋の周りがフツフツしてきたら火を止め、①を入れて混ぜる
④ ゼラチンが完全に溶けたら、②のボウルに入れ、バニラエッセンスも入れて混ぜる
⑤ ④のボウルを氷水にあてながら混ぜ、とろみがついてきたら生クリームを入れて容器に流し入れ、冷やし固める

ボストンクリームケーキ

濃厚なカスタードクリームを
シンプルなスポンジケーキにはさんで。

■材料（15cm型分）

スポンジケーキ

- 卵…２個
- グラニュー糖…80ｇ
- 薄力粉…65ｇ
- バター…30ｇ
- 牛乳…25mℓ

カスタードクリーム

- 卵黄…２個分
- グラニュー糖…25ｇ
- コーンスターチ…6ｇ
- 薄力粉…6ｇ
- 牛乳…160mℓ
- 生クリーム…30mℓ
- バニラエッセンス…少々

粉糖…適量

■作り方

スポンジケーキ

① 薄力粉は２〜３回ふるい、牛乳とバターは小皿に入れレンジ500Wで10秒ほど加熱し（もしくは湯せん）、バターを溶かし温めておく
② ボウルに卵とグラニュー糖を入れ、ボウルの底を湯せんし、泡立て器かハンドミキサーで泡立てる。人肌に温まったら湯せんからはずし、全体に白く、生地をすくって８の字が書けるくらいまで泡立てる
③ ①の粉を全体にふりかけるようにして入れ、沈まないようにボウルを回しつつ、ゴムべらですくっては返しながら混ぜる
④ ①の牛乳とバターを散らしながら入れ、底からすくい上げるように４、５回混ぜる。型に静かに流し入れる（テフロン以外の型には紙をしく）。180℃に予熱したオーブンで25分焼く
⑤ 中央を軽く押し、跳ね返る感触になればOK

カスタードクリーム

① ボウルに卵黄とグラニュー糖を入れ、泡立て器でよく混ぜる
② 鍋に牛乳とバニラエッセンスを入れ、中火にかけて沸かす
③ 沸かしている間に①にふるったコーンスターチと薄力粉を入れ、よく混ぜる。続いて沸かした牛乳を少しずつ加え、混ぜる
④ 牛乳を沸かした鍋に③の卵液を戻し、中火にかける。常に木べらで混ぜながら、焦げないように注意する。固まりだし、もったりとしてきても、ボコボコと泡が持ち上がり、全体に艶が出るまで混ぜ続ける
⑤ バットや耐熱容器にあけ、ぴったりとラップをして冷蔵庫で冷ます

① 冷えたカスタードをボウルにあけ、木べらでなめらかになるまで混ぜる。固めに泡立てた生クリームを入れ、さっくりと混ぜ合わせる
② スポンジケーキを半分の厚みにカットし、①のクリームを中央を盛るように山型にのせる。もう一枚のスポンジをのせ、両手でそっと押さえて整える
③ 冷蔵庫で30分〜１時間おき、クリームとスポンジをなじませる。皿に移し、粉糖をかける

ペパーミントゼリー

夏にぴったり。
見た目も味もさわやかなゼリーです。

■材料

アガー…大さじ1 1/2
砂糖…50g
水…1 1/2カップ
ペパーミントリキュール
…大さじ1
バナナ…大1/2本

■作り方

① アガーと砂糖をよく混ぜておく
② 鍋に水を入れて沸騰したら火を止め、①を混ぜ入れてよく溶かす
③ ペパーミントリキュールを加え、粗熱が取れたら器に入れる
④ 固まり始めたら、5㎜厚さに切ったバナナをそっと埋め込む

黒がね

深みのある黒砂糖の甘さを、こうばしいきな粉がひきたてます。

■ 材料

くず粉…80 g
水…160mℓ

黒砂糖…130 g
水…250mℓ

きな粉…大さじ4

■ 作り方

① くず粉、黒砂糖をそれぞれ分量の水に溶かし、こし器（ざるでも可）を通して鍋にうつす。強火にかけてよく混ぜる。鍋肌に沿って固まり始めたら、弱火にし、さらによく練る（ゴムべらを使うとよい）。ときどき火からおろして練るとよい

② 全体が黒く透き通ってぽってりとしてきたら、水で濡らしたバットに一気にあけ、濡らしたへらで平らにする

③ 固まったらひとくち大の三角形に切りわけ、きな粉をかける

食材は食糧部から各部の台所へ、昼食作りの係がリヤカーで運びます。

畑で作業をする幼児生活団の子どもたち。育てた作物は収穫し、料理の材料に。

コラム4

食堂が真ん中にある学校

「あたたかい昼食を」との願いから

自由学園は1921（大正10）年に、ジャーナリストである羽仁もと子・吉一夫妻によって、創立されました。創立者は学校をつくる際に「育ちざかりの子どもたちに、冷たいお弁当ではなく、あたたかい昼食を食べさせたい」と考えていました。また、当時の女学校での料理の授業が、実用とかけ離れていることも気にしており、その二つを解決するために、学園（当時の女学校相当）の料理の授業を、自分たちの昼食を作る時間にすればよいと考え、実行にうつします。

こうして生徒は、自分たちで昼食を作り、学校の中心にある食堂で先生も生徒も共に食卓を囲み、昼食をいただくようになりました。自分たちの生活は自分たちの手でつくり出す、あたたかい家庭のような学校にという教育理念のもと、95年たった今でも、毎日の昼食作りは家庭科の授業の一環として続けられています。

女子部の昼食作りで学ぶこと

最初は「あたたかい昼食を」との思いから始められた授業でしたが、このカリキュラムを通して、生徒たちはさまざまなことを学ぶようになりました。基本的な調理技術は

数十キロの玉ねぎを刻む。常に次の作業を考えながら動きます。

薪をつかってのご飯炊き。火力、薪を引き上げるタイミング、緊張の連続です。

女子部食堂。食堂が校舎の中心にあります。

男子部の生徒が育てている豚。体重が120キロになると、専門業者に精肉してもらい、全校の食卓に。

もちろん、生徒、教職員合わせて数百人分の昼食作りのため、仕事の段取りが立てられるようになります。また、食材一つひとつと向き合うことで、生産者へ思いを馳せるようにもなりました。そして、上下級生や友だちが作っていることを意識することで、感謝しながら昼食をいただくようになります。失敗すればひと釜で200人分のご飯が焦げてしまうご飯炊き。その重責を知っているから、たとえ焦げたご飯が出てきても、文句を言う人はいません。

　このように、料理や昼食時間を通して、生徒たちは頭と体と心をつかった勉強をしています。「卒業して社会に出てからも、自分の頭で考え、段取りを立てて、周りの人たちと協力してものごとを進めていくときに、この授業での経験はとても役に立ったと、多くの卒業生が話してくれます」と高橋和也学園長は話します。

各部の取り組み

自由学園はその後、初等部（小学校）、男子部、幼児生活団（幼稚園）、最高学部（大学部）が設立され、4歳から22歳までの一貫教育を行う学校になりました。食を大事にする姿勢はすべての部で共通しており、男子部では99年から高等科2年生が週1回、昼食作りをするように。また、保護者の協力による昼食作りも行われています。どの部でも昼には皆が食堂に集まり、あたたかい昼食をいただいています。

　そして、幼稚園から大学部まで、各部がそれぞれの畑を持ち、その畑で育てた野菜を食材にしたり、残飯を堆肥にして畑の土作りに使ったり、男子部では豚を育て、全校でいただくなど、食の循環を学ぶことも大切にしています。

料理の授業が終わると、工程表の内容を書き写したノートに、感想を書いて提出します。

大人数分の昼食作りは段取りが命。リーダーが事前に書いた工程表で皆が予習します。

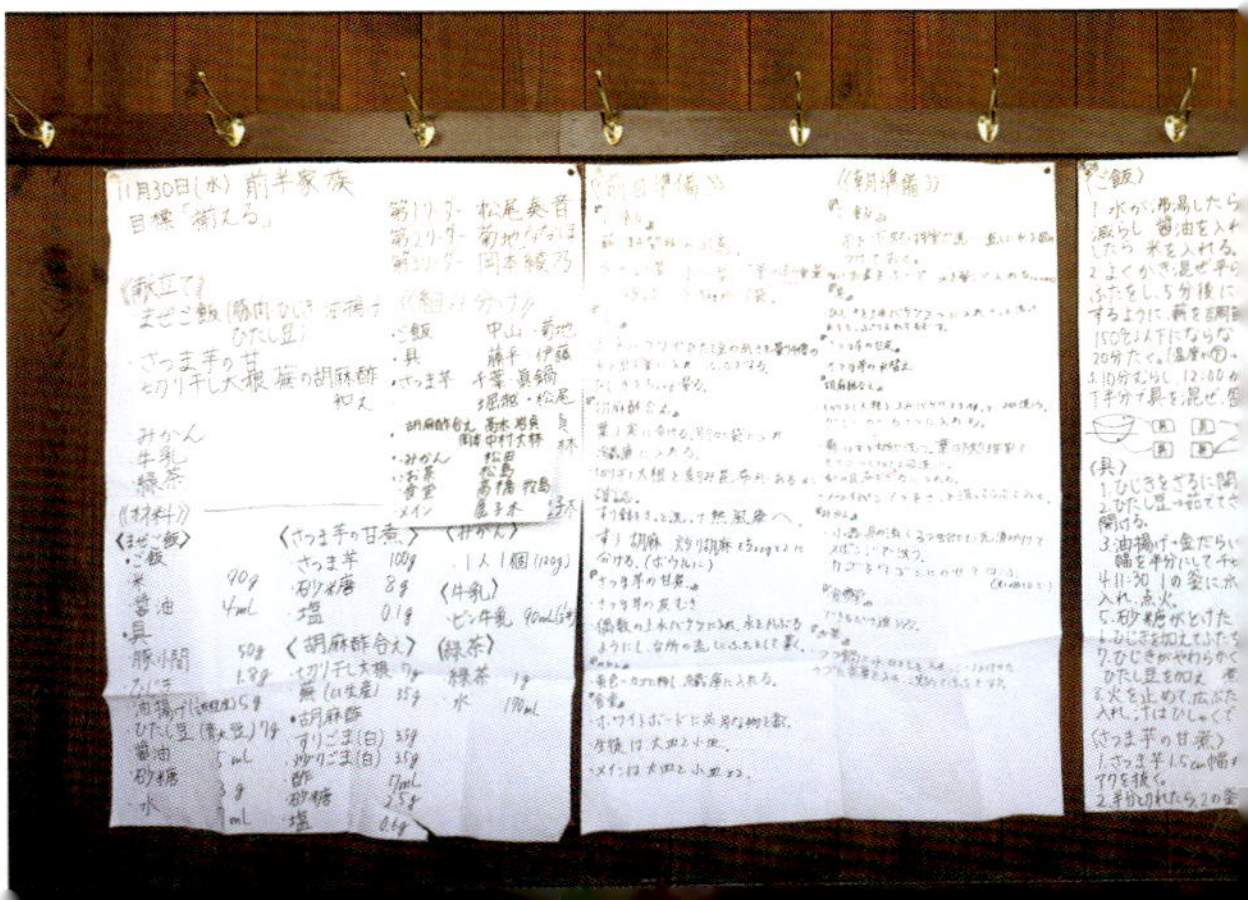

著者　JIYU5074Labo

2016年、本書制作にあたって結成されたユニット。全員が自由学園卒業生で、足立洋子（料理・50回生）、中林香（写真・74回生）、菅原然子（ライティング、編集・74回生）、小路桃子（企画、スタイリング・74回生）の４人からなる。それぞれの専門分野を生かしつつ、４人の共同作業から新しいものを生み出すことを目指し、今後も様々なかたちで「おいしい」を伝えるメディアを制作予定。
http://jiyu5074labo.com

ブックデザイン　吉村亮、大橋千恵（yoshi-des.）

協力　学校法人自由学園　http://www.jiyu.ac.jp

撮影協力

KNETEN
東京都文京区大塚3-44-6　シャトレ内藤1F
菊川知子（1996年女子部高等科修了）

mimiLotus
神奈川県鎌倉市御成町4-40　松田ビル2F
吉池浩美（女子部73回生）

Boulangerie Yamashita
神奈川県中郡二宮町二宮1330
山下雄作（男子部57回生）

自由学園生活工芸研究所
http://jiyu-craft.typepad.com

神谷珠子（女子部76回生）

横山由美子（室蘭友の会）

石山美和子（苫小牧友の会）

写真　青木登（新潮社写真部）
（カバー、表紙、P1,4,5,10,11,16,28,29,57,65,75,78,79,87,91,94,95,96）

自由《じゆう》学園《がくえん》　最高《さいこう》の「お食事《しょくじ》」

95年間《ねんかん》の伝統《でんとう》レシピ

発行　2017年３月30日
２刷　2017年４月30日

著　者　JIYU5074Labo《ジユウゴウゼロナナヨンラボ》
発行者　佐藤隆信
発行所　株式会社新潮社
〒162-8711　東京都新宿区矢来町71番地
電話　編集部　03（3266）5611
読者係　03（3266）5111
http://www.shinchosha.co.jp
印刷所　大日本印刷株式会社
製本所　大口製本印刷株式会社

ISBN978-4-10-350861-8 C0077